2020 六月荷诗历

水央　晓明　主编

美国龙出版社
纽约新世纪出版社

出 版 人：纽约桃花
责任编辑：红豆冰
特约编辑：柳雪花 全京业
装帧设计：龙雁翎

2020 六月荷诗历

版权所有 · 翻印必究

出版：美国龙出版社／纽约新世纪出版社
印刷：UCHFPQ Inc.
版次：2019 年 11 月纽约第一版；第一次印刷
定价：14.99 美金
国际书号 (ISBN)：978-1-64083-121-6

序 言

邱辛晔

二零一九年七月,晓明兄告诉我,计划出版一本诗集,作者是曾经在《纽约六月荷诗苑》发表专辑的诗人。秋风乍起时,六月荷两位同仁水央和晓明又来函,请为诗集作序。为一本诗集写序言,而且非一人之集,令我惶恐,恐不能胜任。

我在大学就读中文系,后来入研究所,以古典文学为专业。复旦诗社最早的社员,中文系的居多;少年时代,邻居中有后来成名的诗人默默,颇有往来。但这些都没有引导我认真写诗。也许是天定吧,反而在美国,机缘所使,开始写古体诗,结社酬赠。数年之后,又得机缘,在法拉盛文化氛围中,结识了诗人王渝、严力、黄翔,以及其他诗人,并开始学习、揣摩现代新诗,尝试落笔。在前辈和同道的启发和鼓励之下,一起发起了法拉盛诗歌节,聚集了汉语诗歌、华裔诗人,为新诗在海外的表达，提供了一个平台。我和晓明也是通过诗歌节认识的，并承六月荷热心赞助。

这本颇不寻常的诗集，有各种风格的作品，或传统抒情风格，或先锋流派；或新诗，或古体；有成名诗人，更多诗坛新人。六月荷诗苑用心制作网刊，持续有恒心。以善心包容各种风格，力推新人，鼓励创作，将诗意融入生活，丰富精神家园，和诗人一起寻访最美，这是六月荷始终努力的方向。如今汇集海内外诗人作品，制成这本格式殊胜的诗日历，每周七天，镶嵌一位诗人的作品，以诗语伴随读者的光阴，可谓别有机枢。

期待诗苑常美若荷月，为海外华语文学奉引清雅之音。

目 录

一月

002　陈铭华
004　伊　沙
006　达　文
008　图　雅
010　水　央

二月

014　铭　黄
016　黄　茶
018　虫　二
020　洪君植

三月

024　云里清青
026　香　韵
028　李雄丁
030　杨　硕

四月

034　无　极
036　红豆冰
038　冰　果
040　凌　岚
042　凤　萍

五月

046　葛文潮
048　苏　凤
050　项美静
052　叶　虻

六月

056　郭淑萍
058　李海泉
060　邓　清
062　二月蓝

七月

066　沐雨西
068　紫若蓝
070　Edith
072　林小颜
074　莫　渡

八月

078　邱辛晔
080　猿　渡
082　金子言
084　广　清

九月

088　大　友
090　Coral 珊瑚
092　王彦芝
094　李洪杰
096　陈晓茹

十月

100 千语江月
102 Vivian 雯
104 赵汝铎
106 冯小炬

十一月

110 吴丛军
112 天　使
114 阿黛尔
116 纽约桃花

十二月

120 余亚慧
122 胡景宇
124 宋壮壮
126 江　睿
128 风的孩子

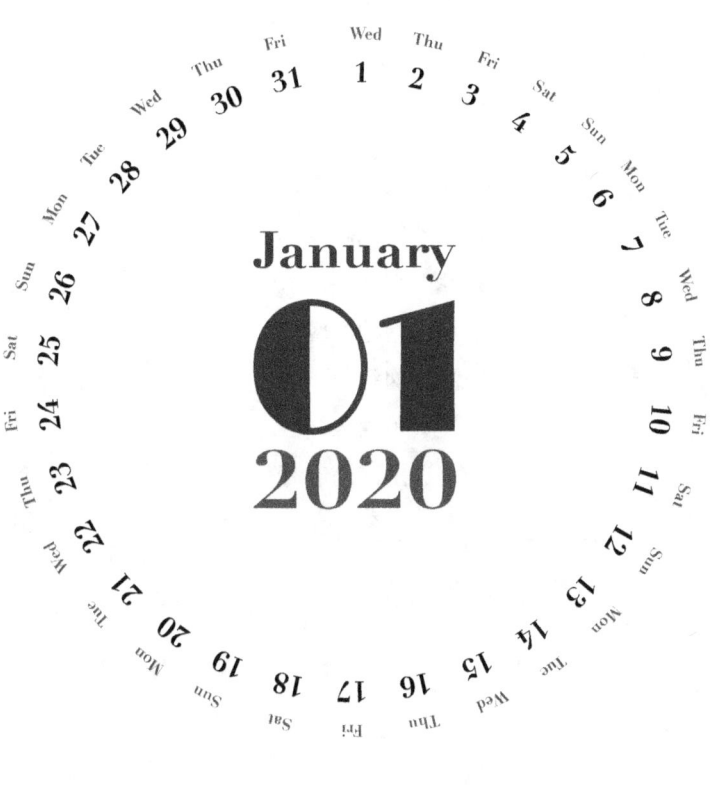

■ 陈铭华 ■ 伊 沙 ■ 达 文
■ 图 雅 ■ 水 央

陈铭华

沪杭线上

午间好风吹过稻田
瞬息落霞飞越绿杨
采莲人那儿去了
别惊起塘边白鹭
增添匆匆行色
今夜火车误点
恰好遇上江南春暮

陈铭华,祖籍广东番禺,1956年12月生于越南嘉定,1979年9月定居于美国洛杉矶。1990年创办《新大陆》任主编。著有诗集《河传》《童话世界》《春天的游戏》《天梯》《我的复制品》及《防腐剂》等。

01 January

Sun 12/29	
Mon 12/30	
Tue 12/31	
Wed 1	
Thu 2	
Fri 3	
Sat 4	

伊沙

鸽子

在我平视的远景里
一只白色的鸽子
穿过冲天大火
继续在飞
飞成一只黑鸟
也许只是它的影子
它的灵魂
在飞　也许灰烬
也会保持鸽子的形状
依旧高飞

伊沙，原名吴文健，西安外国语大学中文学院副教授，硕士生导师，西昌学院客座教授。当代著名诗人、作家、批评家、翻译家、编选家。1966年生于四川成都。1989年毕业于北京师范大学中文系。出版著、译、编108部作品。

01 January

Sun 5	
Mon 6	
Tue 7	
Wed 8	
Thu 9	
Fri 10	
Sat 11	

达文

民间艺人

人们都说他是个疯子
他也已经同样说服了自己

并且随时抓起剪刀
就会绞出一首歌

有时候他无意捅破了手指
于是那些旋律格外锋利

达文，原广东"原流"现代诗集团成员。现居洛杉矶，为"新大陆诗刊"编委。

01 January

Sun 12	
Mon 13	
Tue 14	
Wed 15	
Thu 16	
Fri 17	
Sat 18	

图雅

书法

锅碗洗好后
拿着抹布
去厅里
在餐桌上
抹起来
最后
从中间
重重地抹了
下来
就像潇洒地完成
"中"字的
最后一笔

图雅，作品在《新世纪诗典》《当代诗经》《葵》《新大陆》等发表，著《我的忧伤没人知道》《外面有风沙》《春暖花开》等。2016年获新世纪诗典年度魅力诗人前十名荣誉，2017年在韩国获得亚洲诗人奖等。

01 January

Sun 19	
Mon 20	
Tue 21	
Wed 22	
Thu 23	
Fri 24	
Sat 25	

水央

柏灵顿海滩面对大海的长椅

海滩上的几条长椅
是周围家属以已故亲人之名
捐赠的
我喜欢坐在上面
看着大海发呆
我不知道每次
会不会有另一个
我看不见的人
借我的双眼
一起看海

水央，原名李黎英，作品发表于《新世纪诗典》、美国诗刊《新大陆》等，有作品收入诗集《纽约流光诗影》等，出版发行中英文个人诗集《心镜》。

01 January

Sun 26	
Mon 27	
Tue 28	
Wed 29	
Thu 30	
Fri 31	
Sat 2/1	

■ 铭 黄 ■ 黄 茶 ■ 虫 二 ■ 洪君植

铭黄

南方的海

越过深恐的切卡比克跨海大桥
到达我情怯的南方
盛夏重逢丝丝柔软
细腻的把你再次想起

北方的风
微式渐远
曾经生命里无数次
因离别 和 无缘
而流淌过身体的眷恋

在南方
任大海掩埋

铭黄,现居美国纽约,从事地产经纪和保险理财工作。曾经的文字工作者,现实阳光雨露均沾,唯愿与诗歌生活在别处。

02 February

Sun 2	
Mon 3	
Tue 4	
Wed 5	
Thu 6	
Fri 7	
Sat 8	

黄
茶

速写

飘逸画布的神采来自他们
青春的，恋爱中的
炭笔阴影，则购于
你越来越沉重的
年龄

想起你画过的容颜
飘散四处，一阵疾雨打过荷池
每一滴，都凝为一句
浑圆的叹息

黄茶，四川人，现居美国纽约。爱好中国古典文学和书法。诗观：阳光照在很多人身上，我却孤立于黑暗；我老实地写出内心，在黑暗中划出第一道光。

02 February

Sun 9	
Mon 10	
Tue 11	
Wed 12	
Thu 13	
Fri 14	
Sat 15	

追风筝的孩子

虫二

喜欢云
却误入了霞的情网
不再为风轻心动
迷恋蜃景的迷茫

忧,晨雾会笼罩黎明
怨,暮霭遮盖了夕阳

竟忘了
我本是那个追风筝的孩子
云太遥远
霞太多变
那断了的线
仍在不远的路上

虫二,本名王中强。辽宁抚顺人。现定居美国华府。诗观:找回诗的韵,找回人生的诗。

02 February

Sun 16	
Mon 17	
Tue 18	
Wed 19	
Thu 20	
Fri 21	
Sat 22	

雪

洪君植

耶稣和老太太一起走
地上只有两行脚印
到了,她问我的呢
他说你太累
我背你了

洪君植,60后,朝鲜族,双语诗人、翻译家、批评家、出版人,现居纽约。读书、务农、下海、编辑、记者、移民、写书、译书、编书、出书。有个人作品集50余部。

02 February

Sun 23	
Mon 24	
Tue 25	
Wed 26	
Thu 27	
Fri 28	
Sat 29	

■ 云里清青　■ 香　韵　■ 李雄丁　■ 杨　硕

雨中花令（晏殊体）· 夜梅恋曲

云里清青

月下疏枝梦幻。料峭春寒不怨。几缕幽香飘静夜，是否悠人恋。

折一朵梅花顾盼。月羞见，扯云遮脸。落些雨，欲相思尽数，不必言千万。

云里清青，男，上海人，五零后，现居美国纽约。钟爱文学，书香世家，闲时喜欢写作格律诗词和楹联，愿为弘扬中华文化贡献绵薄之力。

03 March

Sun 1	
Mon 2	
Tue 3	
Wed 4	
Thu 5	
Fri 6	
Sat 7	

第一根白发

当第一根白发出现时
才猛然惊觉
岁月的河流已然淹没胸口

而我,却像一只天空中的小鱼
依然快乐地游来游去——
在你如湖水般静谧的眸中

香韵,一个爱好文字的闽都女子,现居美国纽约。执守恬淡,于喧嚣中捡拾一片诗香,享一窗幽静。

03 March

Sun 8	
Mon 9	
Tue 10	
Wed 11	
Thu 12	
Fri 13	
Sat 14	

窗

李雄丁

久未与你联络窗外很冷
窗台上的那杯茶不曾动
记得举杯的瞬间你欢喜的眉

桌上的画册
还翻在莫奈
保持着纤指的划痕
有了些许的尘封

久未与你联络窗外很冷
只能去你微信时空
去听你弹唱的歌声
仿佛推开紧闭窗门
仿佛越过陡峭山峻

李雄丁,五零后,上海人。二十多年前,被出国潮冲刷移民至加拿大,飘泊生涯写诗绘画陪伴,笑傲江湖。

03 March

Sun 15	
Mon 16	
Tue 17	
Wed 18	
Thu 19	
Fri 20	
Sat 21	

杨硕

临江仙·钓鲈

雨过长空如洗,大河碧水青烟。
银鲈鱼汛钓桥前。
凭栏听碎浪,风阔不看船。

长线轻竿钩远,倾间腕抖弓弯。
北拖南扯溜心闲。
划弧轻展臂,一甩过云天。

杨硕,字木易石,美籍华人。曾任美《工程材料杂志》编委,英《国际汽车设计》杂志客座编委,美机械工程师学会论坛主席。汽车制动系统噪音控制专家。著有《枕石听涛:杨硕诗词五百首》。

03 March

Sun 22	
Mon 23	
Tue 24	
Wed 25	
Thu 26	
Fri 27	
Sat 28	

■ 无极 ■ 红豆冰 ■ 冰果 ■ 凌岚 ■ 凤萍

无极

山势

雄居天下而形
令帝王将臣争相趋之
直达天庭

循水律

雨叮咚而至
润万物施母行
汇聚成海 升云天

无极,现居纽约,向往自由,无拘无束的生活。闲暇喜欢研究太极。

04 April

Sun 3/29	
Mon 3/30	
Tue 3/31	
Wed 1	
Thu 2	
Fri 3	
Sat 4	

梦旧

轻风摇曳如醉
嫩雨新沾如酒
一切天然,明眸清亮

舒广袖乘风,峨眉微醺舞
片片飞红下,流水浮向东

年华随意间
带走了春夏
遗下了秋冬

唯剩回眸
依旧动人
如初见

红豆冰,岭南人,现居美国纽约。文青后花园诗人,诗词戏曲爱好者。一切只为:诗寄心中所梦,词抒心中所思,曲填心中所爱。

04 April

Sun 5	
Mon 6	
Tue 7	
Wed 8	
Thu 9	
Fri 10	
Sat 11	

冰果

错误

我做错了事情
不恳求原谅

我准备在湖畔的林子里挖坑
把那些后悔的事儿
一件一件地坦白出来
每说一桩就埋一粒坚果

松鼠缺粮的时候再把它们挖出来
让我的错误
犯得有些许善良

冰果,作品散见于《诗刊》《创世纪》《香港文学》《绿风》等文学刊物。多首作品收录于《纽约流光诗影》《继续狂奔在反省之路上》《纽约诗人十三家》《三重奏》等合集。另有自选诗集《纸蝴蝶集》。

04 April

Sun 12	
Mon 13	
Tue 14	
Wed 15	
Thu 16	
Fri 17	
Sat 18	

凌岚

姑苏

站在枫桥上
看江桥
这里离乌啼村有多远
今晚的诗人
在观前街吃面

那些没有出现的人
那些忘记的事
随着面汤的滋味
一一想起
评弹还在唱
独坐黄昏谁是伴
紫薇花对紫薇郎

凌岚,小说和随笔发表于《江南》《北京文学》《花城》等杂志。出版翻译作品《普拉斯书信集》,翻译诗集《伊平特的门》,《牛顿,远控力量,帝国主义》。出版随笔集《美国不再伟大?》。获 2019 年"亚洲诗人奖",现居美国。

04 April

Sun 19	
Mon 20	
Tue 21	
Wed 22	
Thu 23	
Fri 24	
Sat 25	

凤萍

荷塘月色

月倚青山　醉了夏夜
亮了传奇　光谱洒下和音
月如钩　星星降落在荷塘边

披一袭薄纱　漫步荷池
荷香吐艳　碧水传情
倩女犹抱琵琶　如羞花闭月

一卷诗语　漫过月亮的唇
寥寥白雾缠绵满地的柔情
熟悉背影布满梦的全程

花开是景　花落成诗
如诗如画　穿越季节的轮回
在万盏灯火阑珊处香远溢情

凤萍，戴家长女，赣籍，定居香港。中、西医营养师，从事产前、产后医务工作。原创诗歌 1000 余首，2018 年出版个人诗集《爱你如诗—321 首》；大量作品发表在海内外报刊，纸刊及网络公众平台。

04 April

Sun 26	
Mon 27	
Tue 28	
Wed 29	
Thu 30	
Fri 5/1	
Sat 5/2	

■ 葛文潮　■ 苏　凤　■ 项美静　■ 叶　虻

葛文潮

秋日里的大黄蜂

秋日风凉

太阳躲了起来

秋日花黄

大黄蜂停下舍不得走

大黄蜂不在乎风凉

不在乎太阳

不在乎花

不在乎黄

花蕊里的蜜粘住了他

葛文潮，经常在《美食与生活》《上海采风》等杂志撰写饮食多元文化体验。出版《大爱无痕》散文集，诗作收入《纽约流光诗影》，《法拉盛诗歌节》。短篇小说《Espresso》《星巴克的早餐》《鱼鳍酒》刊登在2019年第三期《青年作家》。

05 May

Sun 3	
Mon 4	
Tue 5	
Wed 6	
Thu 7	
Fri 8	
Sat 9	

苏凤

老桥 Pont Champlain

烟花将第一颗星掩盖
夜已漫上桥脚的灯火
雪中清晨和日落
运载了几许悲欢
凝视摒弃的老桥
兀自神伤：
美，有没有
一个日落被挽留过
让人们沿着河走向平安
如今只能远远爱慕

苏凤（Fung Sou），女画家，诗人，歌手。加拿大华裔。魁北克华文作家协会会员。抽象油画著称于国际艺坛。著有《自由的灵魂》以及双语诗集《花上》。蒙特利尔七天周报诗专栏"凤歌"作者。

05 May

Sun 10	
Mon 11	
Tue 12	
Wed 13	
Thu 14	
Fri 15	
Sat 16	

项美静

在佛前

墙角的斑竹是一段销魂的箫
那叶却是一柄刮骨的剑

木鱼,空空的
腹肚内趴着一只聒躁的蝉

老尼在佛灯前冥思苦想
除了诵经也许还该再做场瑜伽

这一夜,木鱼欲言又止
想说的心事,都被风声说尽

项美静,2001年迄今长期居留台北。著作品常见中国、新加坡、越南、泰国、美国、菲律宾以及台湾、香港地区等诗刊杂志。诗集《与文字谈一场恋爱》《蝉声》。

05 May

Sun 17	
Mon 18	
Tue 19	
Wed 20	
Thu 21	
Fri 22	
Sat 23	

叶虻

天凉好个秋

楼台在稀释凭栏的人
瓶子里的菊花 灿若亡魂
月光有一副孤胆
也有人见人爱的好命
有人在酒里品出绝色 妖气
有人沿着诗的十指
看到烟火般 只身黑夜的美人
残荷是最后那群遇袭的游勇
雨声在涟漪丛生的水面
看到自己摔碎的前世

最后的唱曲有着谜面那样的交代
相爱是一场殒命 一笔香消 一纸玉散

叶虻，北京人。诗歌和散文见《南方文学》《贵阳晚报》《诗歌周刊》《人民日报海外版》《东方文学》《美国清风文萃》《新西兰先驱报》《蒙特利尔华人报》台湾《南华报》《中国网络诗歌年鉴》《北大百年新诗选》等，有情歌诗人的美誉。

05 May

Sun 24	
Mon 25	
Tue 26	
Wed 27	
Thu 28	
Fri 29	
Sat 30	

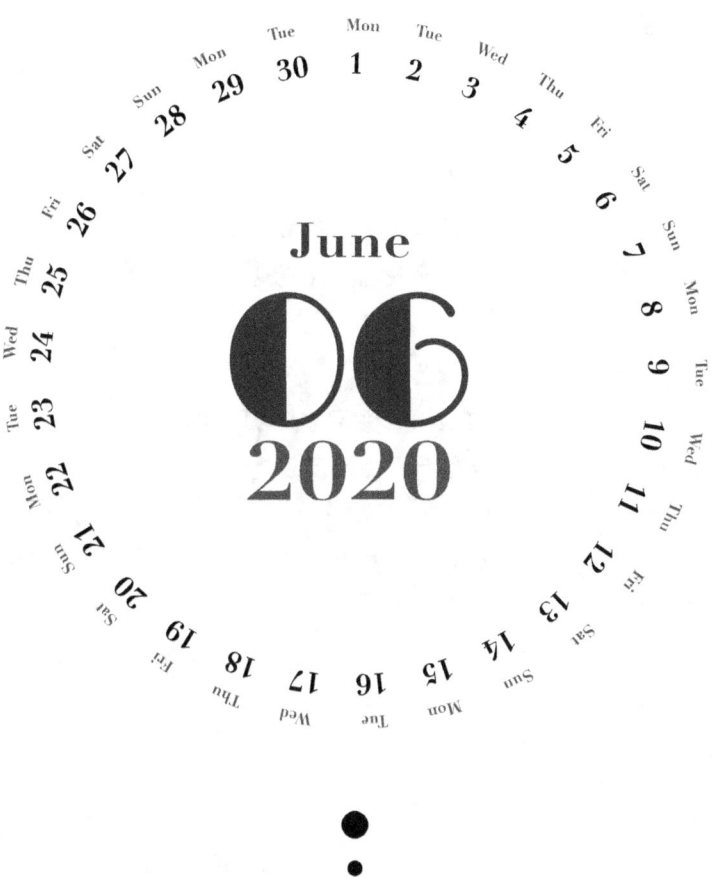

■ 郭淑萍 ■ 李海泉 ■ 邓　清 ■ 二月蓝

郭淑萍

风

风把一本书
翻开又合上,合上又翻开
从早到晚,反反复复

她坐在风里
右边闪过桃花,左边闪过雪花
从红到白,反反复复

她轻轻拿起书
稻子黄了,稗子也黄了
风打在脸上,有滚烫轰然而下

郭淑萍,笔名丛林小鹿,陕西咸阳人。中国自贸区大秦文学院副院长,《大秦文学》副主编,《丛林文学》主编。作品发表于国内外各大知名刊物。著有诗集《白狐》。

06 June

Sun 5/31	
Mon 1	
Tue 2	
Wed 3	
Thu 4	
Fri 5	
Sat 6	

李海泉

赞美诗

傍晚的岸上
小蜜蜂抱着大颗大颗的蜜
一群奶牛,亮着奶子
来回踱步

这时,二卡河缓缓流过
他为林间童子
带来了
一杆长长的
牧笛

李海泉,诗人,专栏签约作家。生于1991年,诗集有《放荡的天才》《让人民幸福》《去教堂的路上》,散文集《神圣色情》,小说集《剩余的圣经》(自印),评论集《你的乳房》《我们的妇女问题》,主编《中国90后先锋诗选》。

06 June

Sun 7	
Mon 8	
Tue 9	
Wed 10	
Thu 11	
Fri 12	
Sat 13	

邓清

虞美人·江南烟雨

江南烟雨朦胧处,
翠柳随风舞。
桃花片片染尘埃,
不尽霏霏细雨入云裁。

丁香古巷迷离影,
一缕芳香映。
小船摇漾入花间,
荡起层层波浪醉心田。

邓清,网名骄月,大学本科。江西萍乡作协会员,萍乡市辞赋学会副会长,中华辞赋学会会员。有散文、诗作等近400多篇(首)作品散见于各大文学平台等国家级省级市级刊物,并获国家级省级等级奖。

06 June

Sun 14	
Mon 15	
Tue 16	
Wed 17	
Thu 18	
Fri 19	
Sat 20	

古寺

二月蓝

庙门紧闭
远方的灯笼红得寂寥
逶迤而来
立在月光和虫声中
一枝桂花
让我的右手高高扬起
掌上的五个指头
仿佛五位
瘦削的僧人

二月蓝,60后女诗人,先后在《新世纪诗典》《当代诗经》《诗刊》《星星》《中西诗歌》《世界诗人》等刊物发表大量诗作,部分诗作被译到国外,多次获奖。出版诗集出版个人诗集五部、十人诗选合集一部,与人合编诗选一部。

06 June

Sun 21	
Mon 22	
Tue 23	
Wed 24	
Thu 25	
Fri 26	
Sat 27	

■ 沐雨西　■ 紫若蓝　■ Edith
■ 林小颜　■ 莫　渡

尘埃落定

沐雨西

鸟儿在灰色的记忆里飞翔
天空不留痕迹
鱼儿在落雨的海底哭泣
看不见泪滴

你在我的世界里
一言不语,尘埃落定
我在你的世界里
尘埃落定,一言不语

沐雨西,现居西雅图。喜欢音乐、读书、旅行;闲时寄情于文字创作,在网络及纸媒时有发表。曾获多项全球华语诗歌大赛奖项。她享受文字带来的快乐,追求简单纯粹的生活。

07 July

Sun 6/28	
Mon 6/29	
Tue 6/30	
Wed 1	
Thu 2	
Fri 3	
Sat 4	

紫若蓝

时光的水晶

在这没有观众的舞台
我奉献着时光的水晶
在华光四射的幻影里
我虔诚期待着掌声四起

恰似喧嚣的银河系里
那倾情盛开的流星
虽然只有瞬息的光芒
仍旧燃尽最后的气息

在岁月寂寞的海洋里
我精心孕育着孤独稚子
目光的帆也许不会来临
我依旧雕琢着潮水的声音

紫若蓝,定居美国,职业女性,喜欢写诗。有原创中英文诗歌,散文,翻译作品发表于国内外报刊,微信诗歌平台,偶有获奖。希望我的作品给你带来清新温暖和一些思考。

07 July

Sun 5	
Mon 6	
Tue 7	
Wed 8	
Thu 9	
Fri 10	
Sat 11	

如果可以

如果可以将湖水披肩上
我要不停地旋转
让她的蓝如星星一样闪烁

如果可以将波浪制成琴
我要不停地弹奏
让她的钟鼓之声成为绝响

如果可以将帆船放在臂弯
我要不停摇着远航
让他的桅杆永远鼓满风的梦想

Edith,名杨青,华侨大学中文系毕业,定居多伦多。任《新文学》杂志编委及翻译编辑,加拿大中国笔会会员。以纯净美的文字和诗意表达恩典与爱;在奇妙爱的光芒中,让灵感源远流淌。

07 July

Sun 12	
Mon 13	
Tue 14	
Wed 15	
Thu 16	
Fri 17	
Sat 18	

林小颜

西江月

　　朱门月落夜深沉,泉声入砚池,红泥掩墨痕。当年粉黛亦无踪,苍苔砌草,目断魂销,灯影荻花一梦遥,何处笙箫?

　　秣陵走马夕阳道,秋风冷照,枯井颓巢。曾记否?青溪半里桥,柳弯云高,水榭花开早。江南归去无人候,人生如逆旅,折纸无聊。

林小颜,90后作家、诗人,个人著作有《吟梦录》《看不见的特拉维夫》,英文诗集《Cafe After Dawn》。本科毕业于加州大学戴维斯分校,研究生毕业于哥伦比亚大学,曾研究方向有中东冷战史以及多语言教学,现居纽约。

07 July

Sun 19	
Mon 20	
Tue 21	
Wed 22	
Thu 23	
Fri 24	
Sat 25	

莫渡

雪地

可能来晚了
在一片雪地前
我这样想时
雪地上已有一行脚印
我要经过那里
但又不愿
让留在雪地上的足印
显得零乱
最终，我只好
踩着雪地里
已有的足印
前行

莫渡，甘肃天水人，诗作见于《中国口语诗选》《新世纪诗典》、《诗刊》、《汉诗》等刊物，印诗集《舌头之歌》。

07 July

Sun 26	
Mon 27	
Tue 28	
Wed 29	
Thu 30	
Fri 31	
Sat 8/1	

■ 邱辛晔　■ 猿　渡　■ 金子言　■ 广　清

邱辛晔

舞蹈
——观阮克强摄影

大西洋边的千万只三趾鹬
在海浪弥漫的天空中
飞出变形的舞蹈
科学家认定
那是出自个体生命的挣扎
和对团体依赖的基因

如此壮观
我为之惊悚但很容易地理解了
因为没有翅膀的人类
分布在世界的笼子里
早就学会了更为
精致而残酷的集体舞

邱辛晔，字冰寒。于1990年留学美国，曾就读复旦中文系，古典文学专业硕士。闲时编辑、出版、吟诗、作文。现任纽约法拉盛图书馆副馆长，法拉盛诗歌节执行委员，并参加多种诗文社团。

08 August

Sun 2	
Mon 3	
Tue 4	
Wed 5	
Thu 6	
Fri 7	
Sat 8	

飞花

猿渡

一阵柔风
抚过草原
偷吃糌粑的
黄绿色田鼠
抬起头
一片春天
落在脸上

猿渡，旅日诗人，作品在《中国爱情诗刊》，美国《新大陆》等诗刊发表。

08 August

Sun 9	
Mon 10	
Tue 11	
Wed 12	
Thu 13	
Fri 14	
Sat 15	

首都

金子言

不必观望北京上空那一片灰蒙蒙的尘烟
它终究遮不住天安门广场旗杆上那一片
飘扬的红
我只想看看故宫的故,长城的长
当五千年前的风吹过
即使被城墙拦阻
我们依然能听得到史诗般的回声
伴随着京剧的唱腔
时而激昂,时而低沉
却在底里有气,可吞吐山河

金子言,本名唐润琼,作品发表于《网络文学》《新大陆诗刊》《香港诗人》《荒原诗人》《诗人》等,作品收录美国华文艺术诗集《纽约流光诗影》。

08 August

Sun 16	
Mon 17	
Tue 18	
Wed 19	
Thu 20	
Fri 21	
Sat 22	

广清

题梅花图

草木唯清友
梅老心自深
大俗天地新
道本忘传身
参是空空去
何如重时寻
怅无茶客晚
雪欲一春临

广清,明觉山房主人。

08 August

Sun 23	
Mon 24	
Tue 25	
Wed 26	
Thu 27	
Fri 28	
Sat 29	

■ 大　友　■ Coral 珊瑚　■ 王彦芝
■ 李洪杰　■ 陈晓茹

大友

红白喜事

八十几岁了
丧事当成喜事办
鞭炮放了一挂又一挂
不播放哀乐
播放舞曲
穿孝服的几个重孙
在门口的空地上
跳起迪斯科

大友,生于1963年,安徽灵璧人,现居南京。警察。诗歌入选《新世纪诗典》、《当代诗经》、《传世诗歌三百首》等选本。出版诗集《乳牙》、《美人鱼》(中韩文对照)、《大爱》、《审讯》。

09 September

Sun 8/30	
Mon 8/31	
Tue 1	
Wed 2	
Thu 3	
Fri 4	
Sat 5	

山与云

Coral 珊瑚

春风不度心门之前 青山落寞
高于群山的云朵于此问候 打坐
来自阳光的一道道神谕
对众生慈悲 温暖 爱怜 抚摸

发自土壤内心的植被感恩
涌动壮阔

读到人间万象
心事凝重
云也禁不住地落

涤净尘世 卸下心头之忧忡
袅袅到没有悲喜的人间
与青山细说

Coral 珊瑚,（CA温哥华）诗作散见于《人民日报》《中诗报》《山东诗歌》凤凰诗社、中诗社等各媒体纸刊与网络。加拿大加中诗词学会会员，中诗社精英诗人诗评部总监。以诗画仰望自己的天空。

09 September

Sun 6	
Mon 7	
Tue 8	
Wed 9	
Thu 10	
Fri 11	
Sat 12	

时光

王彦芝

一粒入口即化的糖
往往还没仔细品尝
就消逝无踪
留下满口甜蜜和余香
在长久的回忆中
氤氲一生

王彦芝,笔名思乡,欧洲华文诗歌会加盟会员、国际田园诗社成员、华人诗学会会员。原创作品散见于网络平台和各种国内外报刊杂志,获过奖。喜欢文字,对诗歌情有独钟,淡泊名利,愿与诗歌同行。

09 September

Sun 13	
Mon 14	
Tue 15	
Wed 16	
Thu 17	
Fri 18	
Sat 19	

李洪杰

五绝·清秋

一屏风水画,
五彩染丛林。
远近清秋景,
山川草木心。

七绝·霁月重阳

秋风寿客蟹膏黄,
满树茱萸好景祥。
霁月南山香雪酒,
东篱雁落话重阳。

李洪杰,诗歌作品发表于《世界日报》等媒体,诗《长城颂英雄》入编《中国时代文艺名家代表作典籍》;获第三届中外诗歌散文邀请赛特等奖。现任五洲诗轩社长。

09 September

Sun 20	
Mon 21	
Tue 22	
Wed 23	
Thu 24	
Fri 25	
Sat 26	

落款

陈晓茹

行云流水,笔端有情
一封十六行家规
抄写一遍
字迹烙印心坎,这回
潇洒轻身上路
一支笔
足够记录所有风景美好
直到你说 "鬓角斑白,皱纹横生"
直到我说 "窗外飘雪,洁白无瑕"
直到那天,你我徐徐落款
亮丽的黄昏
就算泪流,相依也一定很美

陈晓茹,笔名甘草。钟情鼓浪屿的琴韵涛声,喜欢文字和画。现居美国纽约,诗作散见于众多文学平台。诗观:让诗的灵魂带着生活沉淀墨香,愿在平凡中与同道者共勉前行。

09 September

Sun 27	
Mon 28	
Tue 29	
Wed 30	
Thu 10/1	
Fri 10/2	
Sat 10/3	

■ 千语江月　■ Vivian 雯　■ 赵汝铎　■ 冯小炬

味道

糖
诱惑你,满足你,宠坏你
夜夜笙歌
直到最后,不知不觉病入膏肓
如同一场灵魂渴望的旷世爱情

盐
清醒,克制,不苟言笑
不能承受的生命之轻
一口就品出微涩朴素的本质
如同每天要过的平庸生活

糖,盐
在开心的泪水中,品出甜
勉强的笑容,融着淡淡的咸

千语江月,定居在美国,海外华文作家笔会会员。诗作陆续发表在网络诗歌平台和地方文学杂志(中国日报海外版,山风,火神等)。有诗歌收录在《海内外当代诗词选》《中国朦胧诗 2018 卷》《法拉盛诗歌节作品集》等。

10 October

Sun 4	
Mon 5	
Tue 6	
Wed 7	
Thu 8	
Fri 9	
Sat 10	

流水抚落英

Vivian雯

如你一般惊恐
从青枝上,坠落
六瓣花,皆碎
似一颗,碎了的心
不知,痛

痛如这,被截肢的断河
半汪秋水,载着
几丝浮云。留白处
托不起一瓣花红
如我一般惊恐

惊恐于,过了这一程
再也无法,相送

Vivian雯,WePoetry 海外原创华文诗歌集粹创始人,凤凰诗社美洲总社《五洲诗轩》副社长,自由撰稿人。现居纽约,从事银行金融业。作品发表于《世界周刊》《世界日报》《海外文摘》《21世纪财经论坛》,早期作品散见于新浪网、天涯博客。近期作品多发表在美国中文电视中文网。编入诗歌合集《自由的奴隶》《法拉盛诗歌节作品集》等。

10 October

Sun 11	
Mon 12	
Tue 13	
Wed 14	
Thu 15	
Fri 16	
Sat 17	

赵汝铎

观雨中西湖

西湖雨落沏龙井
断桥风起冲云祢
望湖楼台观帘景
堤岸垂柳点涟漪
文贤品茶论今古
书雅沁心兰香怡
帝王南辕行此处
御驾北辙传芳奇

赵汝铎，笔名冬雪。作家、画家。现为纽约全球艺术家联盟文学委员会主席。曾出版诗集和电视长篇小说《战火轻音》。被授予"中国国际文学艺术家终身成就奖"等奖项，并被收入中国文化人才库。

10 October

Sun 18	
Mon 19	
Tue 20	
Wed 21	
Thu 22	
Fri 23	
Sat 24	

冯小炬

又见铃兰开

在春天的背影里
铃兰归来

像一豆一豆的烛光
一豆一豆的亮起

于是我记起你的誓言
在风中 长成一串故事

一段有光的回忆
总是黑夜致命的天敌

星星点点的铃兰花
春天留给初夏最后的叮咛

而我和你牵着手的手
正把炎热变成清凉

冯小炬,笔名淳子。出版有诗集《爱的甲骨文》,散文随笔集《闲情》文字散见于汉语报刊及诗集。诗意栖息无须刻意。

10 October

Sun 25	
Mon 26	
Tue 27	
Wed 28	
Thu 29	
Fri 30	
Sat 31	

■ 吴丛军　■ 天　使　■ 阿黛尔　■ 纽约桃花

吴丛军

如梦令·中秋

丹桂新花如雪。
冷露霜侵枫叶。
碧落菊含姿,
人道中秋明月。
情切。
情切。
千里乡愁飞越。

吴丛军,女,中华辞赋学会会员,萍乡辞赋学会副会长、公众号副主编,安源作家协会会员。有散文和诗作见于《中华辞赋》《中华时报》《上海文艺网》《中国诗歌网》等国家级市级杂志刊物上发表。

11 November

Sun 1	
Mon 2	
Tue 3	
Wed 4	
Thu 5	
Fri 6	
Sat 7	

天使

我的花季

在炎夏怀抱
遥想当年
我和你一样
花样年华
数花瓣纷飞

眼前的窈窕淑女
绽放青春的纯美芬芳
带来当年窗外的丁香
吹入怀,泛起涟漪
波波都是乡愁

花开花落,人离人合
你来了,我不再奢望花季

天使,现居美国纽约。职业律师,爱好文学和旅游。喜爱写诗,用简练的文字抒发对关系,社会,和心境的感触。给自己在喧嚣都市,保留一份内心深处的宁静!

11 November

Sun 8	
Mon 9	
Tue 10	
Wed 11	
Thu 12	
Fri 13	
Sat 14	

淋湿的视线

阿黛尔

仲夏夜
我在工地上作业
空气闷热
汗珠滑落
模糊了视线
流汗付出内心踏实
因为劳动创造人本身
有健康的体魄
才能保证幸福的一生

阿黛尔,现居美国纽约。职业技术员。爱好文学诗歌和摄影。喜爱诗的韵律和清澈。尝试以诗会友和将美好斑斓的生活呈现和记录于诗中。

11 November

Sun 15	
Mon 16	
Tue 17	
Wed 18	
Thu 19	
Fri 20	
Sat 21	

纽约桃花

中央公园北

中央公园北的春色
让我想起小时候的北京
中山公园的拐弯颐和园的角落
你说：过去早已经翻篇
我想：记忆却在纽约做窝

纽约桃花，原名胡桃。祖籍上海，出生在北京，现居纽约。 著有传记文学《上海浮生若梦》，中短篇小说集《上海以北，北京以南》，电影评论集《镜花水月怀旧事》。纽约六月荷诗苑顾问，美国龙出版社社长。

11 November

Sun 22	
Mon 23	
Tue 24	
Wed 25	
Thu 26	
Fri 27	
Sat 28	

■ 余亚慧　■ 胡景宇　■ 宋壮壮
■ 江　睿　■ 风的孩子

余亚慧

在风的季节相遇

在风的季节相遇
寻一弯幽谷 建一座木屋
享受蝉鸣蝶舞

脚踏青石小径
期待花开 相伴雨露
晨风徐徐 蓝天 大树

在风的季节相遇
摊开一卷白色画布
撒下山川 溪流 执子之手

花开的盛放 写满了爱的心语
无论春花秋霜
与你晨钟暮鼓 安之若素

余亚慧，现定居美国。在波澜的世界里，拥有一颗安静的心，享受属于自己的那份静谧。

12 December

Sun 11/29	
Mon 11/30	
Tue 1	
Wed 2	
Thu 3	
Fri 4	
Sat 5	

胡景宇

忆苏东坡

世出名门幼拔尖，
三王恩爱眉宇显。
千古文赋世人颂，
才气豪情天地间。

佳人赞

西湖一水耀九州，
抚琴拾赋皆不同。
寻凤觅栖临空去，
何处佳人楼上愁。

胡景宇，上海人，2007年在美国德州大学奥斯汀分校获电子工程博士学位。酷爱文学，尤其古典诗词，于2017年开始文学创作。现居美国加利福尼亚州。

12 December

Sun 6	
Mon 7	
Tue 8	
Wed 9	
Thu 10	
Fri 11	
Sat 12	

宋壮壮

烧烤城

离我家不远
高架桥边上那块地
运来很多石碑
准备修建陵园
但没过多久
停工了
改建烧烤城
在雾霾的傍晚
本来死后
会埋在那里的附近居民
坐在那儿
吃起了肉串

宋壮壮，1988年出生，生于河南，毕业于北京中医药大学，针灸医师。作品发表于《新世纪诗典》等。

12 December

Sun 13	
Mon 14	
Tue 15	
Wed 16	
Thu 17	
Fri 18	
Sat 19	

叛徒

江睿

我去爸爸家玩儿
多玩了一天
回到家
妈妈说
你这个叛徒
我很委屈
你是叛徒妈
所以我们是一家

江睿,女,05后,喜欢画画,溜冰,写诗, 7岁开始诗歌创作。作品发表于《新世纪诗典》。

12 December

Sun 20	
Mon 21	
Tue 22	
Wed 23	
Thu 24	
Fri 25	
Sat 26	

微信是个好东西

风的孩子

自从有了微信
就喜欢看姐姐的朋友圈
里面记录的可真多
我想,会不会有我的从前
于是我努力往前翻阅
渴望找到
童年

风的孩子,诗者、编者、行者,愿以仁者的姿态行走世间!

12 December

Sun 27	
Mon 28	
Tue 29	
Wed 30	
Thu 31	
Fri 1/1	
Sat 1/2	

www.ingramcontent.com/pod-product-compliance
Lightning Source LLC
Chambersburg PA
CBHW052054070526
44584CB00017B/2176